亲爱的小音乐迷们：

你们见过狼吗？害怕狼吗？在童话故事中，狼往往是让人害怕的大坏蛋。可是在《彼得与狼》中，彼得却是一个不怕狼的勇敢男孩儿。

故事中的每一个角色都由一种乐器来代表。读完故事后，你能认识和了解许多乐器，聆听每一种乐器的独特音质，品味每一种乐器的特点。

普罗科菲耶夫

叽叽叽，叽叽叽，长笛的声音就像小鸟的叫声一样清脆。

嘎嘎嘎，嘎嘎嘎，吹响双簧管就像小鸭子在叫妈妈。

喵呜喵，喵呜喵，单簧管响起时，你会觉得仿佛小猫在撒娇。

嗡嗡嗡，嗡嗡嗡，巴松的声音厚重，就如同爷爷深沉的嗓音一般。

嗷呜呜，嗷呜呜，圆号响起来，听起来像狼来了。

咚咚咚，咚咚咚，敲响定音鼓，感觉猎人在列队前进。

咿呀呀，咿呀呀，最像彼得的就是清脆的小提琴啦！

幼儿音乐绘本

彼得与狼

〔奥地利〕海茵茨·雅力士 改编
〔奥地利〕毕格特·安东尼 绘
唐小唐 译

河北出版传媒集团　河北少年儿童出版社

在一个金色阳光洒满大地的清晨,彼得起床后像往常一样打开了花园的门。

"啊,多么美好的一天!"他深深地吸了一口清新的空气。

他的好朋友小鸟站在枝头叽叽喳喳地鸣叫,仿佛在和彼得打招呼。

池塘里游泳的小鸭子也嘎嘎嘎地应和着。

音频1

只听"嗖"的一声,小鸟扑棱了一下翅膀,飞到了池塘边。它很好奇地看着小鸭子:"嘿,我问你,你都不会飞,怎么能算是鸟类呢?"

小鸭子听到后不甘示弱地回应道:"哼,你连游泳都不会,又凭什么算鸟类!"

它俩就这样你一句我一句地拌着嘴,好不热闹!

音频 2-3

就在这时,彼得听见草丛里传来窸窸窣窣的声音和一声"喵呜"——是一只猫!
"小心!"彼得朝小鸟喊道。
小鸟立即敏捷地飞回到了树枝上。

🎧音频4

危险过后,小鸟飞到彼得的手上,向他表示感谢。

这时花园里传来了彼得的爷爷低沉的声音:"彼得,快回来,要是狼来了可怎么办呀!还别说,真有一只大灰狼从动物园里溜出来啦!"

🎧 音频 5

就在这时，草地上突然出现了一只大灰狼，这可把大家吓坏了。

猫立即纵身一跃跳到了树枝上。

小鸟则飞上了另一个枝头。

音频 8-9

小鸭子到哪儿去了?它正准备跑回池塘里去呢!
啊,它非常后悔,要是自己刚才没有上岸就好了。
可是现在已经太晚了,狼追上了小鸭子,"啊呜"一口吞掉了它。

音频 10-13

看到这一幕,彼得急中生智:他拿起一根长绳越过篱笆,爬上大树,坐在一根粗树枝上。他在绳子的一头打了一个结,做成了套环。

彼得对小鸟说:"你赶快飞到狼的鼻子前,但是千万要小心,别被它抓到!"

小鸟连声答应:"别担心,我的飞行技术可棒啦!"

你看,小鸟飞起来之后就如同在空中跳舞一样,狼看得晕头转向,根本抓不到小鸟!

彼得抓住时机,从树上抛下绳子,套环准确无误地套在了狼的脖子上——狼被抓住了!

🎧 音频 16-17

就在这千钧一发的时刻，一阵"咚咚咚"的声音从远方传来，原来是猎人们追寻着狼的脚印赶来了。

"哎呀，你们在干什么呢？怎么这么大的声响？"彼得问猎人。

猎人们看着套住狼的小彼得，不由得惊呆了。

这是真的吗？一个小娃娃和一只小鸟竟然抓住了一只狼！

🎧 音频 18-19

"现在是时候把偷偷溜出来的大灰狼送回动物园啦！"彼得说。

于是，大家排成一列向动物园出发了，彼得牵着大灰狼走在队伍的最前面。

小鸟盘旋在彼得的头顶上，一路扑棱着翅膀，为彼得引路。

音频 20

突然，大灰狼站住不动了——它的肚子在一上一下地起伏，好像有什么东西在里面戳着，让它非常不舒服。

大灰狼揉了揉自己的肚子，顺势张开了嘴。

哈哈！被吞掉的小鸭子从大灰狼的肚子里蹦出来啦！

"嘎嘎嘎、嘎嘎嘎！"小鸭子高兴地叫着。

"真是奇妙的一天啊！"彼得开心地说。

这段小插曲过后，队伍又继续向动物园进发啦！

🎧 音频21